.

Maria Mail-Brandt (Hrsg.)

# Blühe, liebes Veilchen - Veilchengedichte

Gedichte, Zitate, Textauszüge, Poesiealbumverse
und Lieder über Veilchen (Viola)
mit farbigen Pflanzenfotos und historischen
botanischen Zeichnungen

BOD - Books on Demand, Norderstedt 2016

*Zur Herausgeberin:*

Die Buchhändlerin und freie Gartenschriftstellerin Maria Mail-Brandt verbindet ihre zwei Leidenschaften Garten und Literatur in 5 Homepages, einem Gartenblog, einem Gartenforum und engagiert sich in sozialen Netzwerken. Seit vielen Jahren sammelt sie Gedichte über Pflanzen und zum Thema Garten.
Ihre Homepage garten-literatur.de
wurde 2011 als bei der Verleihung des Deutschen Gartenbuchpreises als "Bestes Garten-Online-Portal" ausgezeichnet.

Auf gartenveilchen.de bietet sie Wissenswertes über die Gattung Viola und stellt auch etliche Veilchensorten vor.

Coverfoto: Stiefmütterchen

Impressum

Auswahl © Maria Mail-Brandt 2015
Fotos siehe Abbildungsnachweise

Die Deutsche Nationalbibliothek verzeichnet diese Publikation in der Deutschen Nationalbibliografie; detaillierte bibliografische Daten sind im Internet über http://dnb.dnb.de abrufbar.

Herstellung und Verlag:
BOD – Books on Demand Norderstedt 2016
ISBN 9783837011425

# Inhaltsverzeichnis

Stiefmütterchen

## Christian Adolph Overbeck

Komm, lieber Mai und mache
die Bäume wieder grün
und laß mir an dem Bache
die kleinen Veilchen blühn.
Wie möcht ich doch so gerne
ein Veilchen wieder sehen,
ach, , wie gerne
einmal spazierengehn!

Zwar Wintertage haben
wohl auch der Freuden viel,
man kann im Schnee frisch traben
und treibt manch Abendspiel;
baut Häuserchen von Karten,
spielt Blindekuh und Pfand,
auch gibt´s wohl Schlittenfahrten
aufs liebe, freie Land.

Doch wenn die Vöglein singen
Und wir dann froh und flink
Auf grünem Rasen springen
Das ist ein ander' Ding
D'rum komm und bring vor Allem
uns viele Veilchen mit
Bring auch viel Nachtigallen
Und viele Kuckucks Lied.

*(vertont von Wolfgang Amadeus Mozart und Robert Schumann)*

## Annette von Droste-Hülshoff

Es war ein still
und sonnig Fleckchen,
wo tausend Anemonenglöckchen
umgaukelten des Veilchens Duft.

## Adelbert von Chamisso

*Märzveilchen*

Der Himmel wölbt sich rein und blau,
der Reif stellt Blumen aus zur Schau
Am Fenster prangt ein flimmernder Flor,
ein Jüngling steht betrachtend davor.
Und hinter den Blumen blühet noch gar,
ein blaues, ein lächelndes Augenpaar.
Märzveilchen, wie jener noch keine gesehn!
Der Reif wid angehaucht zergehn.
Eisblumen fangen zu schmelzen an,
und Gott sei gnädig dem jungem Mann.

## Heinrich Seidel

Veilchen - in den lauen Lüften
Macht ihr mir das Herz so weit -
Süß erinnerungsvolles Düften,
Du gemahnst mich alter Zeit!
Schmeichelnd weht mir, duftgetragen,
Holde Kunde in's Gemüt
Von den schönen blauen Tagen,
Da mein Herz mit euch geblüht.

Viola labradorica - Labradorveilchen

# Adolf Ey

*Der Sonnenschein und das Veilchen*

So sicher wie in Mutters Schoß,
An seines Lebens Morgen
Ein Veilchen saß in Gras und Moos
Vor Reif und Frost verborgen.

Da stahl der Frühlingssonnenschein
Sich durch die kahlen Äste
Und schlich sich bei dem Veilchen ein
In seinem grünen Neste.

Er koste sanft, er koste heiß,
Wohl widerstand's ein Weilchen;
Dann aber hob das Köpfchen leis
Ans Licht das arme Veilchen.

Sein Duft erfüllte rings den Rain
Im Grase und im Moose;
Drei Tage kam der Sonnenschein
Zum Veilchen mit Gekose.

Dann schlich der Wicht vom Himmelszelt,
Er, der so süß geworben;
Ein Reif fiel auf die Frühlingswelt,
Das Veilchen ist verdorben.

**Frank Wedekind**

Wendla. Warum hast du dich aus der Stube geschlichen?
 - Veilchen suchen! - Weil mich Mutter lächeln sieht. -
Warum bringst du auch die Lippen nicht mehr zusammen? -
Ich weiß nicht. - Ich weiß es ja nicht, ich finde nicht Worte...
Der Weg ist wie ein Plüschteppich - kein Steinchen, kein Dorn. -
Meine Füße berühren den Boden nicht...
Oh, wie ich die Nacht geschlummert habe!
Hier standen sie. - Mir wird ernsthaft wie einer Nonne beim
Abendmahl. - Süße Veilchen! -
Ruhig, Mütterchen. Ich will mein Bußgewand anziehn. - Ach Gott,
wenn jemand käme,
dem ich um den Hals fallen und erzählen könnte!

*(aus Frühlings Erwachen)*


**Sidonie Grünwald-Zerkowitz**

*Alles oder – Nichts*

Das Veilchen spricht mit stolzem Mut:
Bin ich Dir nur zum Pflücken gut,
Mich fortzuwerfen balde:
Laß lieber stehn mich ungepflückt,
Bleib' ich auch fürder unbeglückt
Im tiefen dunklen Walde!
Bin ich an Glück auch nicht gewohnt,
Nicht weiß ich doch, wie Undank lohnt ...
Könnt' einmal nur gepflückt sein
Und hast Du nach mir heiße Lust,
Dann will ich auch an Deine Brust
Tiefinniglich gedrückt sein!

# Hans Christian Andersen

*Die Galoschen des Glücks (Auszug)*

"Der herrliche Duft!" sagte er,
"wie erinnert er mich an die Veilchen bei Tante Lene!

Ja, damals war ich noch ein kleiner Knabe!
Herrgott, wie lange ist das her, daß ich daran gedacht habe!
Das gute, alte Mädchen, sie wohnte da um die Börse herum.
Immer hatte sie einen Zweig
oder ein paar grüne Schößlinge im Wasser stehen,
der Winter mochte noch so strenge sein.

Die Veilchen dufteten,
während ich die angewärmten Kupferschillinge
gegen die gefrorenen Scheiben preßte und Gucklöcher machte.
Das gab einen hübschen Blick.

Draußen im Kanal lagen die Schiffe eingefroren
und von der ganzen Mannschaft verlassen.
Eine schreiende Krähe war die einzige Besatzung.

Aber wenn das Frühjahr herangeweht kam,
dann wurde es dort lebendig.

## Carl Preser

*Veilchen*

Veilchen unter dürren Zweigen
Bist du nicht zu früh erwacht?
Alle Lerchen wieder schweigen,
Weil der Frühling nur gelacht:
Nur gelacht und nicht geblieben,
Nicht den Lenzbrief uns geschrieben;
Blümchen, daß der Reif nun bricht,
Traue nicht, traue nicht!

Schönstes Veilchen dort im Tale,
Dran ich immer denken muß,
Gab auch dir im ersten Strahle
Jüngst der Frühling seinen Kuß?
Ach, sein Lächeln war erlogen
Denn der Schelm ist fortgezogen,
Fort mit seinem Rosenlicht:
Traue nicht, traue nicht.

Traue nicht, bis grün die Sprossen,
Rot und weiß die Blüten blühn,
Bis auf laubbezaumten Rossen
Frühlingsboten zu dir zieh'n.
Traue nicht, bis erst die Quellen
Aus dem Waldesgrunde schwellen,
Höre, was das Herz dir spricht:
Traue nicht, traue nicht.

## Matthias Claudius

*Hochzeitslied (Auszug)*

Stand ein jungen Veilchen auf der Weiden,
Lieb und herzig, in sich, und bescheiden;
Und ein wackrer Jüngling über Land
Kam hin, wo das Veilchen stand...
Sah es an mit Liebe und mit Lust
Wünscht es sich an seine Brust.
Heute wird das Blümchen ihm gegeben,
Daß er`s trug an seiner Brust durchs Leben!


## Joachim Heinrich Campe

Schenk auch du ein Tränchen mir
Und pflückte mir ein Veilchen auf mein Grab.
Und mit deinem seelenvollen Blicke
Sieh dann sanft auf mich herab.
Weih mir eine Träne, und ach! schäm
dich nur nicht, sie mir zu weihn.
Oh, sie wird in meinem Diademe
Dann die schönste Perle sein!


## Ludwig Uhland

*Lob des Frühlings*

Saatengrün, Veilchenduft, Lerchenwirbel,
Amselschlag, Sonnenregen, linde Luft!
Wenn ich solche Worte singe,
braucht es dann noch große Dinge,
dich zu preisen, Frühlingstag

Viola riviniana - Hainveilchen

# Hans Sachs

*Das Veigerlfest*

Als Herzog Otto III., dem die Nachwelt den Beinamen "der Fröhliche" gab, über die österreichischen Länder herrschte, begannen die Wiener, die schlimme Zeiten hinter sich hatten, ihres Lebens wieder froh zu werden, und allerlei Spiel und Kurzweil bereiteten manch frohe Stunde.

Unter den Lustbarkeiten, die damals gebräuchlich waren, stand das sinnige "Veigerlfest" obenan. Der Glückliche, der das erste Veilchen fand, bedeckte das Blümlein sorgsam mit seinem Hut und rannte spornstreichs zum Herzog, um ihm die Freundenbotschaft zu überbringen, daß sich dieser liebliche Bote des Frühlings ans Tageslicht hervorgewagt habe. Unverzüglich ließ der Herzog nach altem Brauch den festlichen Zug zum Pflücken des ersten Veilchens einberufen und zog, begleitet von **Musik** in Gesellschaft fröhlicher Herren und Frauen und gefolgt von einer großen Schar neugieriger Städter, zum Fundort, um das Veilchenfest einzuleiten.

Es war an einem heiteren Vorfrühlingstag des Jahres 1325, als ein schlanker Rittersmann langsam am Fuß des Kahlenberges dahinschritt, die Augen forschend zur Erde gerichtet, als suche sein Blick etwas auf dem Boden, der sich schüchtern mit dem ersten Grün zu bedecken begann. Plötzlich stockte sein Fuß, freudig bückte er sich zur Erde nieder und rief aus: "Ich hab's. Das erste Veilchen blüht vor mir." Rasch zog er seinen Hut und legte ihn sorgfältig über das Blümlein, das wie ein Stern neben dürrem Gestrüpp hervorlugte. Schnell eilte der Ritter stadtwärts und stand bald in der Burg, wo er sich bei dem Herzog melden ließ, um ihm die freudige Kunde zu bringen, daß er den ersten Frühlingsboten gefunden habe.

"Gern will ich das heitere Frühlingsfest feiern", erwiderte freundlich der Herzog, "und ich freue mich doppelt, daß gerade Ihr, Herr Neidhart von Reuenthal, mein lustiger Rat, den glücklichen Fund gemacht habt. Ich will auch meine Gemahlin zu dem frohen Fest mitbringen".

Unter tiefen Bücklingen entfernte sich Herr Neidhart, erfreut über die huldvollen Worte des Herzogs. Bald bewegte sich ein fröhlicher, jubelnder Zug aus der Stadt gegen den Kahlenberg. Allen voran stolzierte der lustige Rat, Herr Neidhart, an diesem schönen Frühlingstag und aus diesem festlichen Anlaß sich seiner Würde doppelt bewußt. Hinter ihm schritt die Musik mit Trompeten, Posaunen und Pauken, dann kam eine Schar weißgekleideter Jungfrauen, denen im festlichen Schmuck das stolze Herzogspaar folgte. Den Abschluß bildeten in langen Reihen die Ritter und Adeligen, die Bürger und das gewöhnliche Volk. Endlich war man an die Stelle gelangt, wo das Veilchen seines Pflückers harrte. Dort lag auch der Hut. Neidhart ließ einen Kreis um den Fundort bilden; aller Augen waren auf den Hut gerichtet, der den lieblichen Frühlingsboten bedeckte. Jetzt schritt der Herzog, gefolgt von seinem Rat, an den Hut heran und hob ihn feierlich empor, um das erste Veilchen zu begrüßen. Da schoß jähe Zornesröte in sein Gesicht, wütend warf er dem wie zu Stein erstarrten Neidhart den Hut vor die Füße; denn nicht ein Veilchen war unter dem Hut verborgen, sondern übelriechender Unrat. (Der Bauer hatte hingeschissen.) "Das ist Euer Veilchen, Neidhart", schrie der Herzog erbost; "wahrhaftig, Ihr treibt üblen Scherz mit uns! Wenn Ihr schon meine Person mit solchen traurigen Späßen nicht verschonen wollt, so hättet Ihr doch meine Gemahlin, der Herzogin, diesen Anblick ersparen können!" Mit finsterer Miene wandte er sich ab und schickte sich an, mit seiner Gattin die Fahrt in die Stadt anzutreten.

Neidhart war wie aus den Wolken gefallen, während ringsumher lautes Gelächter erscholl. "Verzeiht, Herr", stieß er mühsam hervor, "mir ist da ein übler Streich gespielt worden. Das kann nur einer meiner Feinde getan haben, einer von den hiesigen Bauern. Aber wenn ich den Kerl erwische, bei Gott, der soll nichts zu lachen haben!"

Verächtlich schritt der Herzog an seinem Rat vorbei, in angeregter Unterhaltung über den Vorfall folgte die Gesellschaft. Die Menge aber, der das erhoffte Fest entgangen war, wollte schimpfend und fluchend dem unschuldigen Opfer zu Leibe rücken, um an ihm ihr Mütchen zu kühlen. Doch Herr Neidhart zog es vor, durch eilige Flucht der Rache des enttäuschten Volkes zu entgehen. Als er sich nicht weiter verfolgt sah, verlangsamte er seine Schritte, in Gedanken den Übeltäter verwünschend, der ihm diese böse Suppe einbrockt hatte. So näherte er sich dem Dörfchen Heiligenstadt, und hier wandelte ihn die Lust an, mit einem Humpen Wein den Ärger und die Schmach hinabzuspülen, die man ihm angetan hatte. Beim Dorfwirtshaus trat eben die Jugend zum fröhlichen Reigen an, in ihrer Mitte aber prangte auf einer Stange - ein Veilchen. Das konnte nur sein Veilchen sein! Zornbebend zog Neidhart einen der Burschen, der ihn nicht kannte, zur Seite und fragte ihn, woher das Blümlein stammte. Da erzählte ihm der Junge lachend, daß eigentlich Neidhart von Reuenthal das Veilchen gefunden habe; zwei Bauern, die er ihm namentlich nannte, hatten ihn dabei beobachtet, während seiner Abwesenheit das Veilchen gepflückt und den Unrat dafür an seine Stelle gelegt.

Neidhart hatte genug gehört. Wie der Blitz fuhr sein Schwert aus der Scheide und zwischen die Bauern hinein, die entsetzt auseinanderstoben. Doch mehrere Leute trugen böse Wunden davon. Mit dem Veilchen, das er von der Stange gerissen hatte, eilte der Ritter sogleich in die Stadt und drang zu seinem Herzog vor, dem er den Streich der beiden Bauern erzählte sowie die Rache, die er dafür genommen hatte. Lachend hörte der Herzog seinen Bericht und versicherte ihn seiner erneuten Huld. "Ihr werdet Euch aber", sagte er schließlich, "die Bauern nicht eben zu Freunden gemacht haben!"

"Das will ich auch gar nicht", meinte Neidhart von Reuenthal darauf, "denn diese Schandtat, die sie mir vor Euren Augen zugefügt haben, kann ich nimmer vergessen." Und die Heiligenstädter Bauern waren und blieben auch seine Feinde, wie er der ihrige, bis an sein Lebensende.

## Arthur Lutze

*Dem Veilchen*

Dem Veilchen ist dein Herze gleich
Mit feiner Treu' und Liebe;
An innern Schätzen wunderreich,
Gewahrt man dennoch nicht sogleich
Die himmlisch schönen Triebe.
Im Schatten der Bescheidenheit
Blüht es versteckt, doch duftet weit
Die schönsten Wohlgerüche.

O Veilchen, du hast wohlgetan,
Nicht Allen dich zu zeigen!
Es kam' wohl mancher Rittersmann,
Mit rauher Rüstung angetan,
Und wollt' dich niederbeugen.
So aber stehst du wohlverwahrt —
Dein Duft ist dem nur offenbart,
Der wohl dich weiß zu schätzen!

## Leo Sachse

*Rose und Veilchen*

Der Rosenstrauch zum Veilchen sprach
"Ob wir uns lieben?
Wir sind doch beide so manchen Tag
Getreu uns blieben?"

Blau-Veilchen sprach zum Dornenhag
"So laß uns trennen!
Folgt uns ein Sehnen und läßt nicht nach,
Wird Liebe brennen."

Sie schieden Beide
Mit stillem Leide.
— Veilchen und Rosenstrauch
Senden sich Blütenhauch,
Kehren zurücke
Zum stillen Glücke.

## Eduard Mörike

*Charwoche*

O Woche, Zeugin heiliger Beschwerde!
du stimmst so ernst zu dieser Frühlingswonne,
du bretest imverjüngten Strahl der Sonne
des Kreuzes Schatten auf die lichte Erde,
und senkest schweigend deine Flöre nieder;
der Frühling darf indessen immer keimen,
das Veilchen duftet unter Blüthenbäumen
und alle Vöglein singen Jubellieder.
O schweigt, ihr Vöglein auf den grünen Auen!
es hallen rings die dumpfen Glockenklänge,
die Engel singen leise Grabgesänge;
o still, ihr Vöglein hoch im Himmelblauen!
Ihr Veilchen, kränzt heut keine Lockenhaare!
Euch pflückt mein frommes Kind zum dunklen Strausse,
ihr wandert mit zum Muttergotteshause,
da sollt ihr welken auf des Herrn Altare.
Ach dort, von Trauermelodien trunken,
und süß betäubt von schweren Weihrauchdüften,
sucht sie den Bräutigam in Todesgrüften,
und Lieb' und Frühling, alles ist versunken!
*(vertont von Hugo Wolf)*

**Johann Heinrich Voss**

*Frühlingsliebe (Auszug)*

Wir gingen atmend Arm in Arm,
am Frühlingsabend still und warm,
im Schatten grüner Schlehen
uns Veilchen zu erspähen.
Rot schien der Himmel und das Meer;
mit einmal strahlte groß und hehr
der liebe volle Mond daher.
Das Mägdlein stand und ging und stand
und drückte sprachlos mir die Hand.

Stiefmütterchen

# Leopold Schefer

*Die ersten und letzten Veilchen*

Als Du noch einmal weinend Deine Hände
Bangzitternd nach den Veilchen ausgestreckt,
Die aus dem Frühling Dir die Kinder brachten,
Und vor Erinnerung und vor Sehnsucht bebend
Der Welt zur Ehre noch zuletzt gesprochen:
„Ihr, meine Blümchen, dürft nun aus der Erde,
„Ich darf nicht mehr hinaus — ich muss hinab,
„Davon, hinweg aus dieser schönen Welt" —
Und als Du sanft Dich, mit geschlossen Augen
Zurückgelehnt, und schweigend leise starbst —
Da fielen Dir die Sterne leis vom Haupt
Aus jenem Kranze, der Dich lang bekränzt;
Die Erde schwand Dir unter Deinen Füßen,
Die Veilchen fielen Dir aus Deiner Hand:
Die Sonne blieb Dir stehn, da wo sie zog
Tief hinter Berg und Wald, in stummer Nacht;
Dein Haus verschwand Dir wie ein Nebelbild;
Die Kinder fielen Dir vom Herzen ab,
Und Dein Geliebter fiel auf seine Knie,
In seiner heißen Deine kalte Hand,
Und war nun Nichts: ein ruheloser Geist,
Verbannt in ein versunkenes Geisterschloss.

**Johann Martin Miller**

*Blumen und Mädchen (Auszug)*

Das Veilchen blüht so sittsam und hold;
Das Schlüsselblümchen düftet wie Gold.
Bewundernd steht der denkende Mann
Und betet still den Schaffenden an.

Drauf kömmt ein Schwarm von Knaben gerannt,
Flicht Kränze sich mit eilender Hand,
Freut kurz sich nur der blühenden Pracht,
Zerstreut umher die Blätter, und lacht. â€"

O Schlüsselblum' und Veilchen, wie ihr
Blühn Mädchen oft voll Unschuld und Zier;
Der beßre Mann steht schweigend und blickt
Zu dem auf, der so schön sie geschmückt.

Viola cornuta - Hornveilchen

# Johann Wolfgang von Goethe

Und mein liebes Veilchen blüht.
Wie's vor lauter Freude weinet!
Freut sich, daß die Sonne scheinet!
Schmetterlinge, fliegt herbei,
Sagt ihm doch, wie schön es sei!

---

*Felsweihe*

Veilchen bring ich dir,
getragen junge Blüten zu dir
daß dein moosig Haupt
ringsum bekränze
ringsum dich weihe
Felsen des Tals.

# Friedrich Schiller

Den blut`gen Lorbeer
geb ich hin mit Freuden
für das erste Veilchen,
das der März uns bringt!

---

Soll ich darum das Veilchen unter die Füße treten,
weil ich die Rose nicht erlangen kann?

# Heinrich Seidel

Die armen Veilchen klagen
Und sehnen sich nach Licht.
In diesen grauen Tagen
Schaun sie die Sonne nicht.

Ihr kleinen Frühlingsblüthen,
Seid froh und unverzagt!
Ich will es euch vergüten,
Was euch der Lenz versagt.

Von allen, die da lachten,
Von allen Augen braun,
Da sollen Euch betrachten
Die schönsten, die zu schaun.

Ihr werdet nimmer klagen
Bei dieser Augen Licht,
Ihr werdet nimmer sagen:
Wir sahn die Sonne nicht.

---

*Du ahnst es nicht*

Mein Blick ruht gern auf dir,
Du Mädchenangesicht,
Weil du so lieblich bist,
Und ahnst es nicht.
Wie in der Frühlingsluft
Das Veilchen Düfte haucht,
Ist in der Anmuth Duft
Dein Thun getaucht.
Du lächelst freundlich mir,
Du meiner Seele Licht.
Wie du so lieb mir bist,
Du ahnst es nicht.

## Hildegard von Bingen

Und wer an dreitägigem Fieber leidet,
der nehme Veilchen
und zu dessen dritten Teil Wegerich und Pfefferkraut,
zweimal soviel wie Wegerich,
und diese Kräutlein esse er
häufig mit Essig oder gebratenem Salz.
*(aus: Heilkraft der Natur, Physica)*


## William Shakespeare

*Aus: Hamlet*

Die Weise noch einmal!
Sie starb so hin.
O, sie beschlich mein Ohr,
dem Weste gleich,
der auf ein Veilchenbette lieblich haucht
und Düfte stiehlt und gibt.

---

*Aus: Hamlet*

Es mögen Veilchen
aus Ophelia`s Körper sprießen
voller Würze,
nicht dauerhaft,
lieblich,
nicht beständig;
der Duft und das Gewähren einer Minute.

# Luise Egloff

*Das Veilchen*

Im Stillen blühest, Veilchen, du hervor,
Verkündest uns des Frühlings neues Leben.
Wenn deine süßen Düfte uns umschweben,
Dann schwingt mein Geist sich sehnsuchtsvoll empor,

Zum guten Vater, der dich auserkor,
Der Hoffnung Weihe Leidenden zu geben,
Die ihre Blicke mutlos aufwärts heben,
Weil hier ihr Herz den sichern Stab verlor.

Bescheiden, freundlich rufst du uns entgegen:
Seht nicht die Dornen nur auf euern Wegen;
Mit Blumen ist die Erde ausgeschmückt!

So gibt uns oft die Freude ihren Segen;
Wenn uns die Last des Kummers niederdrückt,
Wird dankbar froh ein Veilchen noch gepflückt.

# Elise Sommer

*Das Veilchen*

Was für ein Ambra wallt aus dem gefalt'nen Schoose
Der Blume, die so schön, so lockend glüht?
Halb offen hängt sie da, die frischbethaute Rose,
Im Morgengold der Sonne aufgeblüht!

Hier streu't mein liebes trautes Veilchen, unter Blätter
Und Gras versteckt, den süßesten Geruch;
In stiller Größe trotzt es jedem Sturm und Wetter,
Und lebt sich selbst, und ist sich selbst genug.

**Rauhhaariges Veilchen, Viola hirta.**

Viola hirta - Rauhhaarveilchen

**Max Dauthendey**

Mein Zimmer duftet königlich fein,
Veilchenprinzessinnen zogen ein.
schwärmen und wärmen mit weichblauen Augen,
fächeln und hauchen schmachtende Lächeln,
winken mit feinen, vornehmen Gliedern,
laden mich ein.
Ich neige mich nieder,
ihr Page bin ich,
ihre Lippen sind mein.
Ich schwöre ewige, ewige Liebe,
sie schweigen so süß,
schauen so ernst aus schwerblauen Augen.
Meinen, Sie, Schwüre und Blumen verwelken?
Sie lächeln und weinen,
meine kleine Prinzessen.

# Adolf Schults

## Veilchen

Das Veilchen schlummert lang' verborgen
Im Bett, von Rasen überdeckt,
Bis es am ersten Frühlingsmorgen
Der Sonnenstrahl mit Küssen weckt.

Dann fährt es auf aus seinem Traume —
Als wüßt es nicht, wie ihm geschah,
So schaut sich's um im weiten Raume,
Und hold verlegen steht es da.

Zum Himmel blickt es dann in Wonne
Und trinkt entzückt die linde Luft,
Und blüht und blüht, und haucht der Sonne
Zum Dank entgegen süßen Duft.

Ei Veilchen, liebes Veilchen!
So sag' doch einmal an:
Warum gehst Du ein Weilchen
Den Blumen all' voran?

"Weil ich bin gar so kleine,
Drum komm ich vor dem Mai;
Denn kam' ich nicht alleine,
So gingt Ihr mir vorbei!"

Veilchen, Veilchen, holdes Veilchen!
Willst Du nun schon wieder gehen?
Willst Du nicht ein kleines Weilchen
Noch so lieblich duftend stehen?
Neigst Dich still zur Erde nieder —
Willst Du in die Tiefe wieder?

"Lebe wohl! den Maienglöckchen
Muß ich nun die Kunde bringen,
Daß ich sah die Blüthenflöckchen
Und die Vöglein hörte singen!"
Also klang sein letztes Grüßen —
Veilchen starb zu meinen Füßen.

# Johann Wolfgang von Goethe

*Das Lied des gefangenen Grafen (Auszug)*

*Das Veilchen:*

Ich steh verborgen und gebückt
Und mag nicht gerne sprechen,
Doch will ich, weil sichs eben schickt,
Mein tiefes Schweigen brechen.
Wenn ich es bin, du guter Mann,
Wie schmerzt michs, daß ich hinauf nicht kann
Dir alle Gerüche senden.

*Der Graf:*

Das gute Veilchen schätz ich sehr:
Es ist so gar bescheiden
Und duftet so schön; doch brauch ich mehr
In meinen herben Leiden.
Ich will es euch nur eingestehn;
Auf diesen dürren Felsenhöhn
Ists Liebchen nicht zu finden.

*(vertont von Hugo Wolf)*

## Johann Wolfgang von Goethe

Ein Veilchen auf der Wiese stand,
Gebückt in sich und unbekannt;
Es war ein herzigs Veilchen.
Da kam eine junge Schäferin
Mit leichtem Gang
und munterm Sinn
Daher, daher,
die Wiese her und sang.
Ach! denkt das Veilchen,
Wär' ich nur
Die schönste Blume der Natur,
Ach, nur ein kleines Weilchen,
Bis mich das Liebchen abgepflückt,
Und an dem Busen matt gedrückt!
Ach nur, ach nur
Ein Viertelstündchen lang!
Ach! aber ach!

Das Mädchen kam
Und nicht in acht das Veilchen nahm;
Ertrat das arme Veilchen.
Es sank und starb
und freut' sich noch:
Und sterb' ich denn,
So sterb' ich doch
Durch sie, durch sie,
Zu ihren Füßen doch.

*(vertont von Wolfgang Amadeus Mozart)*

# Rainer Maria Rilke

## Veilchen

Schlicht nur bist du stets gewesen,
unbedeutend oft und klein
dennoch nimmt dein liebes Wesen
jeden, jeden für dich ein.

# August Heinrich Hoffmann von Fallersleben

Ich fand im Winter ein Veilchen,
Das war so frisch und grün.
Ich pflanzt es in meinen Garten,
Drin sollt es im Frühlinge blühn.

Mein Herz, das war der Garten,
Und als die Welt ward grün,
Da wollte mein Herzensblümlein
Für mich, für mich nicht blühn.

Und als die Rosen blühten,
Da weint ich, da sang ich und rief:
Blüh auf, mein Herzensblümlein!
Mein Blümlein aber entschlief.

Nun liegt's im Herzen begraben
Schon lange, lange Zeit,
Und mir ist nichts geblieben,
Nichts als mein sehnend Leid.

# Heinrich Heine

Die blauen Frühlingsaugen
Schaun aus dem Gras hervor;
Das sind die lieben Veilchen,
Die ich zum Strauß erkor.

Ich pflücke sie und denke,
Und die Gedanken all,
Die mir im Herzen seufzen,
Singt laut die Nachtigall.

Ja, was ich denke, singt sie
Lautschmetternd, daß es schallt;
Mein zärtliches Geheimnis
Weiß schon der ganze Wald.

# Karl Egon Ebert

*Das erste Veilchen*

Als ich das erste Veilchen erblickt,
Wie war ich von Farben und Duft entzückt!
Die Botin des Lenzes drückt' ich voll Lust
An meine schwellende, hoffende Brust.
Der Lenz ist vorüber, das Veilchen ist todt;
Rings steh'n viel Blumen blau und roth,
Ich stehe inmitten, und sehe sie kaum,
Das Veilchen erscheint mir im Frühlingstraum.
*(vertont von Felix Mendelsohn-Bartholdy)*

# Friedrich von Schlegel

Seht der neubewachsenen Erden
Zarte Kleidung blaulicht werden,
Weil der Veilchen Purpurpracht
Zwischen Gras und Blättern lacht.

## Friedrich Hebbel

Der Blinde sitzt im stillen Tal
und atmet Frühlingsluft,
Ihm bringt ein Hauch mit einem Mal
des ersten Veilchens Duft.

Um es zu pflücken, steht er auf,
sucht, bis die Nacht sich naht,
Und ahnt nicht, daß in irrem Lauf
sein Fuß es längst zertrat.

---

Wie wenig Duft hat das einzelne Veilchen,
wieviel der ganze Strauß...

## M. von Strantz

Lenzesweben tönt hinaus
Und aus grünen Decken,
Veilchenköpfe frisch und kraus
Ihre Hälse strecken.
Doch sie brechen mag ich nicht,
Lass sie ruhn am Herzen,
D´raus sie sproßten hell und licht,
Wie ein lieblich Festgedicht
Uns geweiht im Märzen.

## Friederike Kempner

Dunkle Veilchen, weiße Blüten,
Aller Seelen Freudenfest!
Stimmen aus dem Saitenspiele
Nie verklungner Harmonie!
Tränen könnet ihr entlocken
Aus der tiefsten Seele mir,
Doch gemischt sind diese Tränen:
Freuden auf des Schmerzes Grund.

---

Es grünen die Bäume des Waldes,
Es kündigt der Frühling sich an,
Hinweg mit dem frostigen Winter,
Der Frühling ist ein sanfter Mann!
Die langen goldnen Strahlen,
Sie sind wie ein langes Haar!
Die Veilchen im tiefen Grase
Sind blau, wie ein Augenpaar!

## Mohammed

Die Herrlichkeit der Veilchen
ist wie die Zärtlichkeit des Islams
über alle Religionen.

# Siegfried August Mahlmann

*Der Veilchenkranz (Auszug)*

Ich wand mir einst einen Veilchenkranz
Bei Mondenschimmer und Sternenglanz,
Die Drossel sang und die Nachtigall schlug,
Laut klopfte das Herz, das im Busen ich trug.

Ach, dacht' ich, wenn der Morgen graut,
Wird auch mein Kränzchen überthaut;
Dann blühen die Veilchen noch einmal so schön,
Und werden den Tag über Kühlung mir weh'.

# Christian Adolph Overbeck

*Das Kinderspiel (Auszug)*

Laßt Kränzchen uns winden,
Viel Blumen sind hier.
Wer Veilchen wird finden,
Empfängt was dafür.
Ein Mäulchen zur Gabe
Gibt Mutter, wohl zwei.
Juchheisa! Ich habe,
Ich hab' eins, juchhei!

## Robert Burns

Schneeglöckchen und Primeln,
Sie schmückten die Au.
Es baden die Veilchen
sich morgens im Tau.

## Bettina von Arnim

*An die Bettine*

Melonen, Ananas, Feigen, Trauben und
Pfirsich und die Fülle südlicher Blüten,
die eben in Eurem Hause sorglich verpackt
werden, haben mir Lust gemacht,
Dir das Violen- und Narzissensträußchen
(Wandel und Treue) beizulegen,
ich hätte mich gern selbst mit hineingelegt.
(*aus: Die Günderode*)

## Bartholomäus Anglicus

Was schlägt die Erdenuhr?
Veilchenzeit, Veilchenzeit!
Die blauen Frühlingsaugen
schauen aus dem Gras hervor!

## Francis Bacon

Süßeren Duft als alle Düfte
der Welt verbreitet
das Veilchen, die liebliche Blume.

## Achim von Arnim / Clemens Brentano

Ich hört ein Sichlein rauschen,
Wohl rauschen durch das Korn,
Ich hört ein Mägdlein klagen,
Sie hätt ihr Lieb verlorn.
Laß rauschen, Lieb, laß rauschen,
Ich acht nicht, wie es geht,
Ich thät mein Lieb vertauschen
In Veilchen und im Klee.
Du hast ein Mägdlein worben
In Veilchen und im Klee,
So steh ich hier alleine,
Thut meinem Herzen weh.
Ich hör ein Hirschlein rauschen
Wohl rauschen durch den Wald,
Ich hör mein Lieb sich klagen,
Die Lieb verrauscht so bald.
Laß rauschen, Lieb, laß rauschen,
Ich weiß nicht, wie mir wird,
Die Bächlein immer rauschen,
Und keines sich verirrt.
(*Aus Des Knaben Wunderhorn*)


## Heinrich Christian Boie

Von Moos und Blättern fast erdrückt
Kroch einst der Demut Bild dies Veilchen nah der Erde,
Das für die schönste Brust gepflückt
Aus der vergeßensten der Blumen Stolz nun werde.

# Friedrich Förster

Ein kleines Blau-Veilchen
Stand eben erst ein Weilchen
Unten im Thal am Bach.
Da dacht' es einmal nach
Und sprach:
"Daß ich hier unten blüh',
Lohnt sich kaum der Müh',
Muß mich überall bücken
Und drücken,
Bin so ins Nied're gestellt,
Sehe gar nichts von der Welt.
Drum wär' es ganz gescheit gethan,
Ich stieg ein bißchen höher hinan."
Und wie gesagt, so gethan,
Aus dem Wiesenland
Mit eig'ner Hand
Zieht es ein Beinchen nach dem andern
Und begiebt sich auf's Wandern.

"Drüben der Hügel wär' mir schon recht;
Wenn ich den erreichen möcht',
Könnt' ich ein Stückchen weiter sehn;
Dahin will ich geh'n!"
Und so im behenden Lauf
Steigt das Veilchen den Hügel hinauf,
Pflanzt sich dort oben ein
Im schönsten Sonnenschein.
Kaum aber hat es hier einen Tag gestanden,
Meint es: "Von allen Landen
Sieht man hier oben kein großes Stück,
Man hat keinen freien Blick;
Aber auf jenem Berge dort,
Das wär' ein Ort,
Wo ich wohl möchte steh'n,
Um in die weite Welt zu seh'n!
Drum wär' es noch gescheiter gethan,
Ich stieg ein bißchen höher hinan!"
Und wie gedacht, so gethan.
Aus dem Hügel, wo es stand,
Zieht es mit eigner Hand
Ein Beinchen nach dem andern
Und begiebt sich auf's Wandern.

Doch den Berg hinauf
Geht es nicht in so raschem Lauf,
Es muß sich verpusten, muß öfter ruh'n.
Endlich mit niedergetretenen Schuh'n
Auf beschwerlicher Bahn
Kommt's Veilchen oben an,
Pflanzt sich dort wieder ein
Im hellen Sonnenschein.
"Ei", spricht es, "hier ist's schön!
Aber alles kann man doch nicht seh'n,
So ein Berg
Ist doch nur ein Zwerg.
Auf der Alp da droben,
Das wär' eher zu loben,
Da möcht' ich wohl sein!
Da guckt' ich bis in den Himmel hinein,
Hörte die Engelein musicieren,
Säh' unsern Herrgott die Welt regieren!"

Und aus dem Berge, wo es stand,
Zieht es wieder mit eigner Hand
Ein Beinchen nach dem andern,
Begiebt sich noch einmal auf's Wandern.
Die Reise macht diesmal viel Beschwer,
Kein Weg, kein Steg war rings umher,
Dem Veilchen flimmert's vor dem Blick,
Es schwindelt, es kann nicht wieder zurück.
Da setzt es die letzte Kraft noch daran,
Zum Tode ermattet kommt's oben noch an.
Ach! da war der Boden von Stein,
Kann mit den Füßchen nicht hinein,
Der Wind, der bläst so hart,
Das Veilchen vor Frost erstarrt.
Es zappelt mit allen Würzlein,
Bedeckt sie mit dem grünen Schürzlein,
Friert sehr an Händen und Beinen,
Da fängt's bitterlich an zu weinen.
Die blauen Bäckchen werden weiß,
Die Thränen gefrieren darauf zu Eis.
"Ach, wär' ich geblieben im Thale dort!"
Das war Blau-Veilchens letztes Wort.
Drauf sank es um
Und blieb stumm.
"Hast du im Thal ein sich'res Haus,
Dann wollte nie zu hoch hinaus."

M.S del J.N.Fitch lith.

L.Reeve & Cº London

Vincent Brooks Day & Son Lt<sup>d</sup> imp

Viola gracilis - Balkanveilchen

**Ludwig Christian Hölty**

*Mailied*

Der Anger steht so grün, so grün,
die blauen Veilchenglocken blühn
und Schlüsselblumen drunter.
Der Wiesengrund ist schon so bunt,
und färbt sich täglich bunter.
Drum, komme, wem der Mai gefälllt,
und freue sich der schönen Welt
und Gottes Vatergüte,
die diese Pracht hervorgebracht,
den Baum und seine Blüte.

---

*An ein Veilchen*

Birg o Veilchen, in deinen blauen Kelche
Birg die Tränen der Wehmut,
bis mein Liebchen
diese Quelle besucht.
Entpflückt die Schöne
dich dem Rasen,
die Brust mit dir zu schmücken,
o dann schmiege dich an ihr Herz und sag ihr,
daß die Tropfen, in deinem blauen Kelche
aus der Seele des treuesten Jünglings flossen
der sein Leben verweinet, und den Tod wünscht.

*(vertont von Schubert und Brahms)*

# Hermann Gilm

*Ein Grab*

Es liegen die Veilchen dunkelblau
auf einem Grab im Abendtau,
ein kleines Mädchen kniet davor
und hebt die Hände fromm empor:

O sagt, ihr Veilchen, in der Nacht
der Mutter, was der Vater macht,
daß ich schon stricken kann, und daß
ich tausendmal sie grüßen laß.

---

*Die Verschwiegenen*

Ich habe wohl, es sei hier laut
vor aller Welt verkündigt,
gar vielen heimlich anvertraut,
was du an mir gesündigt;

ich sagt's dem ganzen Blumenheer,
dem Veilchen sagt' ich's stille,
der Rose laut und lauter der
großäugigen Kamille.

Doch hat's dabei noch keine Not,
bleib munter nur und heiter;
die es gewußt, sind alle tot
und sagen's nicht mehr weiter.

*(vertont von Richard Strauss)*

## Johanne Juliane Schubert

*Als ich am 22sten October ein Veilchen geschenkt bekam*

Frühlingsblümchen, Bote schöner Tage,
Allerliebstes, holdes Veilchen! sage
Deiner Freundin doch, wo kommst du her,
Jetzt im Herbst bei rauher Stürme Sausen?
O wie magst du jetzt bei uns noch hausen
Auf der öden blumenleeren Flur!

O es soll mich dein Geruch erquicken,
Freudig will ich an mein Herz dich drücken
Voll Empfindung reiner, hoher Lust;
Stirbst du, Veilchen - stirb an meiner Brust!
Aber nie, wenn's auch verwelkt, entbinde
Unser Herz der Freundschaft sich, - es finde
Sich kein Herbst in unserm Bündniß ein;
O sie sey für immer fest geschlossen!
Selbst im Winter läßt sie Blumen sprossen,
Und sie soll uns ewig theuer seyn!


## Eduard Mörike

Wie aber, soll die erste Gartenpracht
Narzissen, Primeln, Hyazinthen
Die kaum die hellen Äuglein aufgemacht
schon welken und verschwinden?
Und mit euch besonders, holde Veilchen
Wär s dann für's ganze Jahr vorbei?
Lieber, lieber Mai
Ach, warte noch ein Weilchen.

## Theodor Storm

Die Kinder haben die Veilchen gepflückt,
All, all, die da
blühten am Mühlengraben.
Der Lenz ist da;
sie wollen ihn fest
In ihren kleinen Fäusten haben.

---

*Ritornelle (Auszug)*

Blaue Veilchen,
Ich kenn euch,
ich lieb euch,
ich find euch;
Wartet nur ein Weilchen!

Stiefmütterchen

# Christian Felix Weiße

Warum, geliebtes Veilchen,
blühst Du so entfernt im Thal?
Versteckst dich unter Blätter,
fliehst der stolzen Blumenzahl.

Und doch voll Liebreiz duftest du;
Sobald man dich nur pflückt,
Uns süßre Wohlgerüche zu,
Als manche, die sich schmückt.

Du bist der Demuth Ebenbild,
Die in der Stille wohnt,
Und den, der ihr Verdienst enthüllt,
Mit frommen Dank belohnt.

---

## An ein Veilchen

Mein Veilchen, laß die Schmeicheleyen
Des jungen Zephyrs dich nicht reuen,
Du unsrer Gärten erste Zier!
Dich soll ein schöner Loos beglücken;
Den schönsten Busen sollst du schmücken,
Und alle Grazien mit dir.

Ja, an dem Busen vom Selinden
Sollst du den stolzen Wohnplatz finden!
Für Freuden, seh ich, zitterst du?
Hier laß dich stolzre Blumen neiden,
Und duft ihr dankbar alle Freuden
Der süßesten Gerüche zu.

Geh hin zu ihren schönen Händen!
Durch dich, mein Glücke zu vollenden,
Sey ihr mein treues Herz erklärt!
Umsonst! wie könnte dieß geschehen?
Wie bald! wie bald wirst du vergehen,
Da ewig meine Liebe währt!

## Volkslied

Auf! Kinder, zum Tanze,
Der Frühling bricht an;
Es blühen zum Kranze
Die Veilchen heran.

Die Vögel sind munter
Und singen ein Lied;
Das Fröschlein quakt drunter
Und freuet sich mit.

Wißt, Kinder, daß Veilchen
Nicht lange mehr blüh'n;
Sie duften ein Weilchen,
Dann welken sie hin.

Viola hederacea - Australisches Veilchen

# Karl Gerok

*Verfrühte Veilchen*

Am Bahnhof beutst du Veilchen aus,
Verblühtes Blumenmädchen,
Und zierlich rundet sich dein Strauß,
Gewunden um das Drähtchen;
Doch ist es jetzt nicht Veilchenzeit,
Dezember ist's, die Welt verschneit,
Ich dank' für deine Blumen.

Im März auf neubegrünter Au,
Da will ich Veilchen pflücken,
Am süßen Duft, am holden Blau
Mir Aug' und Herz entzücken,
Doch wer um Weihnacht Veilchen bricht,
Den freuen sie um Ostern nicht,
Ihr Duft ist ihm verrochen.

So ist die Welt, sie kennt kein Maß,
Kann keine Lust erwarten,
Im Treibhaus zieht sie unter Glas,
Was noch versagt im Garten;
Bringt Veilchen um Neujahr zu Kauf
Und tischt im Juli Trauben auf,
Das leckre Mal zu krönen.

Hast wohl auch du, o armes Kind,
Verfrühte Blumen brochen,
Daß deiner Unschuld Lenz geschwind
Verblichen und verrochen?
Mit deinen Blumen stehst du ja
Wie eine welke Blume da,
Gebückt von rohen Händen! —

Doch du gedulde dich, mein Herz,
Und warte noch ein Weilchen,
Es geht der Schnee, es kommt der März
Und mit ihm auch die Veilchen;
Ein jedes Ding hat seine Zeit,
Und Gottes Tisch ist stets bereit,
Wann seine Stunde kommen.

**Michael Reinhold Lenz**

Bebe, beb` ihr auf zu Füßen,
Frühlingserde, und ein Flor,
junger Veilchen, sie zu grüßen,
keim aus deinem Schoß hervor.

Sagt, ihr Veilchen, eure Wonne,
daß ihr sie zu sehn gekriegt,
sagt ihr, daß in eurer Sonne,
fern von ihr, ein Bruder liegt.

Stiefmütterchen

## Volkslied

*Student sein, wenn die Veilchen blühen*

Student sein, wenn die Veilchen blühen,
Das erste Lied die Lerche singt,
Der Maiensonne junges Glühen
Triebweckend in die Erde dringt.

Student sein, wenn die weißen Schleier
Vom blauen Himmel grüßend weh'n:
Das ist des Daseins schönste Feier!
Herr, laß sie nie zu Ende geh'n!

## Percy Bysshe Shelley

Als dann der Frühling im Garten stand,
Das Herz, ein seltsam Sehnen empfand,
Und die Blumen und Kräuter und jeder Baum
wachten auf aus dem Wintertraum,
Schneeglöckchen und Veilchen hat über Nacht
der warme Regen ans Licht gebracht,
Aus Blüten und dunkler Erde ein Duft
durchzog wie ein sanftes Rufen die Luft.

*(vertont von Johannes Brahms)*

## Muhammad Schams ad-Din Hafis

Die Veilchen setzt in Verwirrung
ein Lockenwallen von dir,
Und Knospen sprenget ein Lächeln
der Mundkorallen von dir.
O meine duftende Rose,
warum verbrennst du das Herz
Der Nachtigall, die Gebet läßt
die Nacht durchschallen von dir?
Der ich den Atem der Engel
verdrießlich sonst nicht ertrug,
Der Welt Geschwätz nun ertrag ich
um Liebeslallen von dir.
Dich lieben ist mein Verhängnis,
dir angehören mein Sein,
Dein Staub mein Eden, mein Frieden
das Wohlgefallen von dir.
Das Klausnerkleid und das Weinglas
vereint ein jeder nicht leicht;
Doch ich vereine mit Fleiß das
ums Wohlgefallen von dir.
Der Taumel deiner Berauschung
wird aus dem Haupte mir gehn,
Wenn dieses Haupt in den Staub ist
des Tors gefallen von dir.
O schau die Herrschaft der Lieb' an!
Es wallt aus Stolz auf dem Haupt
Die Sultanshaube gegipfelt
den Bettlern allen von dir.
Mein Schah, in Hallen des Auges
sind Sitze nur für dein Bild:
Mein Schah, o komm doch, und leer laß
nicht deine Hallen von dir.
O Wang', ein reizender Garten,
bist du, zumal wenn im Lenz
Der Lust die Lieder von Hafis
sind Nachtigallen von dir.

*(Aus: Gedichte aus dem Diwan)*

**Clara Müller**

Die Erde deckt dich zu, ich weiß nicht wo,
zu deinem Grab ist mir die Spur verloren.
Doch aus der Veilchen frühem Duft umhaucht
dein Wesen mich, - aus jedem Kindesauge
blickst du mich an - und lächelst
dein Sonnenlächeln mir ins wunde Herz ...

Stiefmütterchen

# Sophie von Khuenberg

*Veilchen (Auszug)*

...
Da klang es vor mir
Von grober Frauenstimme,
Gleichgültig halb
Halb
In erlernter Freundlichkeit:
"Veilchen!
Kaufen Sie Veilchen, Madame,
Ganz frische Veilchen!"
Stehen blieb ich
Und nahm den Strauß,
Den vollen, düftereichen
Aus den Händen der Frau,
Einer kräftig blüh'nden
Vierländerin,
Im drallen Bauernschmuck
Des Kirschenlandes.
Stumm gab ich ihr,
Was sie begehrte,
Und während sie weiterschritt
Mit wiegenden Hüften,
Stand ich
Und hielt die Veilchen,
Die süßen, tiefblauen
Lieblingskinder des Lenzes
An mein Gesicht.
Geschlossnen Auges
Trank ich in mich
Den weichen,
Milden Atem
Der Blumenseelen,
Der mich berauschte,
Wie Sehnsuchtsgedanken,
Wie Liebesküsse,
Wie Ruhmes-Träume
Und Wonne der Heimat!

O Ihr Veilchen!
Zum Leben erwachende Liebe
Habt ihr geschmückt mir
Und geliebte Tote benetzt
Mit meinen Thränen.
Willkommengruß
Und Abschiedsworte,
Alles, alles
Habt ihr geleitet mir,
Ihr süßen, lieben,
Trostbringenden Veilchen! ...
So stand ich, träumend
Und ließ an mir vorübergleiten,
Achtlos,
Den Strom der Menschen.
...

Ich war allein.
Allein mit den Veilchen.
Und mir war, als stiegen sie
Aus meiner Hand empor
Zu meiner Stirne
Und würden dort
Zu lichtfrohen Gedanken
Und kletterten wieder hinab
In mein trauriges Herz
Und machten es mild und selig
Und weckten darin
Zitternde Funken
Hinsterbenden
Lebensmutes
Zu neuen Flammen!
Und dennoch hielt ich sie,
Sichtbar und faßbar
In meinen Händen
Und bedeckte sie
Mit stummen,
Heißen.
Leidenschaftlichen Küssen!
Veilchen! Veilchen!

**Echtes Veilchen, Viola odorata.**

Viola odorata - Duftveilchen

# Nikolaus Lenau

*Das Veilchen und der Schmetterling*

Ein Veilchen auf der Wiese stand
an Baches Rand und sandte ungesehen,
bei sanftem Frühlingswehen
süßen Duft durch die Luft.
Da kommt auf schwankendem Flügel
ein Schmetterling über den Hügel
und senket zur kurzen Rast
zum Veilchen sich nieder als Gast.
*Schmetterling:*
Ei! Veilchen! Wie du töricht bist,
zu blühen, wo niemand dein genießt!
*Veilchen*
Nicht ungenossen blüh ich hier,
ein Schäfer kommt gar oft zu mir
und atmet meinen Duft und spricht:
"Ein solches Blümchen fand ich nicht,
wei Veilchen du! Auf Wiesen, Auen
ist keines mehr wie du zu schauen!
*Schmetterling*
`s ist schöner doch, glaub meinem Wort,
zu blühn auf freier Wiese dort,
in jener bunten Blumenwelt,
als hier im dunklen Schattenzelt!
*Veilchen*
Hier bin ich meines Schäfers Wonne,
dort aber bleichet mich die Sonne,
und ohne Farbe, ohne Duft,
find ich zu früh dort meine Gruft,
drum blüh ich in der Einsamkeit,
wenn auch nur Einer mein sich freut.

## Poesiealbum-Verse

Das Veilchen am Bache,
das Röslein am Strauch,
sind alle zwei herzig -
und du bist es auch!

---

Sei wie das Veilchen im Moose,
bescheiden, sittsam und rein
und nicht wie die stolze Rose,
die immer bewundert will sein.

## Vincenz von Zusner

*Das Veilchen*

Als ich das Veilchen heut gefragt,
ob jetzt im Lenz kein Morgen tagt,
wo Gram und Leid mir ganz vergeh'n,
da hat's mich traurig angeseh'n.

Und als ich dann die Frage tat,
ob dieser Morgen nicht mir naht,
wenn einst der nächste Lenz erscheint,
da hat sein Köpfchen es verneint.

Und als ich endlich, halb verzagt,
das Veilchen noch zu letzt gefragt,
ob mir der Schmerz denn niemals schweigt,
da hat es sich hinabgeneigt.

# Achim von Arnim / Clemens Brentano

*Knabe und Veilchen*

*Knabe:*

Blühe liebes Veilchen,
Das so lieblich roch,
Blühe noch ein Weilchen,
Werde schöner noch.
Weist du was ich denke,
Liebchen zum Geschenke,
Pflück ich Veilchen dich,
Veilchen freue dich!

*Veilchen:*

Brich mich stilles Veilchen,
Bin die Liebste dein,
Und in einem Weilchen
Werd ich schöner seyn!
Weist du, was ich denke,
Wenn ich duftend schwenke
Meinen Duft um dich:
Knabe liebe mich!

---

Klein und arm an Herz und Munde
Mußt du seyn, wenn Christus soll
Gehen auf in deinem Grunde:
Denn die Rose und Viol
Wächst im Thal der niedern Seelen,
Die nichts hohes hier erwählen!
Mögst du nur so seyn demüthig,
Wie die niedre Sarons Blum,
Dennoch stehen ehrerbietig
Und vor Gott gebücket krumm:
Also mögst du bald die Gaben
Seines Geistes in dir haben.
*(Aus Des Knaben Wunderhorn)*

# Georg Trakl

*Im Frühling*

Leise sank von dunklen Schritten der Schnee,
Im Schatten des Baums
Heben die rosigen Lider Liebende.

Immer folgt den dunklen Rufen der Schiffer
Stern und Nacht;
Und die Ruder schlagen leise im Takt.

Balde an verfallener Mauer blühen
Die Veilchen,
Ergrünt so stille die Schläfe des Einsamen.

Stiefmütterchnn

# Johann Georg Jacobi

*Nach einem alten Liede*

Sagt, wo sind die Veilchen hin?
Die so freudig glänzten
Und der Blumen Königin
Ihren Weg bekränzten?
Jüngling ach! Der Lenz entflieht,
Diese Veilchen sind verblüht!
Sagt wo sind die Rosen hin?
Die wir singend pflückten,
Als sich Hirt und Schäferin
Hut und Busen schmückten?
Mädchen ach! Der Sommer flieht,
Jene Rosen sind verblüht!
Führe denn zum Bächlein mich,
Das die Veilchen tränkte;
Das mit leisem Murmeln sich
In die Thäler senkte.
Luft und Sonne glühten sehr,
Jenes Bächlein ist nicht mehr!

*(vertont von Johann Abraham Peter Schulz)*

# Eliza Wille

*Der Frühling und die Freude (Auszug)*

Die Veilchen blicken aus dem Grün,
Die Lerchen durch die Weite ziehn,
Und Frühlingswärme, Frühlingsduft,
Und Frühlingswehn durchwürzt die Luft,
Die Winde flattern hin und wieder,
Der blaue Himmel blickt hernieder,
Und leichte, weiße Wölkchen wiegen,
Sich d'rin mit kindischem Vergnügen,
So leicht gewebt, so duftig und heiter;
Sie ziehen so spurlos wie Barken weiter,
Wie Barken, darin sich Liebende freun,
Auf schweigendem See, bei'm Sternenschein.

...

Ich hab' drei Veilchen abgepflückt,
Drei Glockenblümlein hell und schön,
Die hab' ich dir zum Gruß geschickt,
Weil sie dir ähnlich seh'n.
Ich mag die stolzen Blumen nicht,
So glänzend, reich und kühn -
Die Liebe sucht das Sternenlicht,
Und wenn ihr Blumen blüh'n,
So müssen's stille Wesen seyn,
Die sich im Schatten leise freu'n.
Die Rosen blüh'n und grüßen schön -
Ein Mensch braucht nur vorbei zu geh'n,
Sie scheinen so einfach und sind doch stolz,
Ihre Wurzel ist stark und dornicht ihr Holz,
Die Veilchen und die Glöcklein sind
Im Thal erblüht für Thau und Wind;
Sie sind so duftig, zart und weich,
Und sprechen doch zum Herzen gleich.

## Volkslied

Hier sitz' ich auf Rasen
Mit Veilchen bekränzt.
Und ich liebe ein Mädchen,
Wie mir es gefällt.
Ein Mädchen zu lieben,
Das brauchst du ja nicht.
Wer weiß, ob's dein Vater
Zufrieden wohl ist.
Geh Heim zu deinem Vater
Und frag ihn geschwind
Ob wir uns sollen nehmen
Geh, eil' dich geschwind!
Ich brauche nicht zu fragen,
Ich weiß es ja schon
Denn du bist mir untreu
Das merk ich an dir.

## Pindar

Veilchenblüten
durchduften voll Süße
das Land irdischer Wonnen;
und Rosen
umkränzen die Schläfe.

**Christoph Christian Sturm**

*Im Frühlingsanfang (Auszug)*

Erwacht zum neuen Leben
Steht vor mir die Natur,
Und sanfte Lüfte wehen
Durch die verjüngte Flur.
Empor aus seiner Hülle
Drängt sich der junge Halm,
Der Wälder öde Stille
Belebt der Vögel Psalm.

Die Flur im Blumenkleide
Ist, Schöpfer, dein Altar,
Und Opfer reiner Freude
Weiht dir das junge Jahr;
Es bringt die ersten Düfte
Der blauen Veilchen dir,
Und schwebend durch die Lüfte
Lobsingt die Lerche dir.

**Poesiealbum-Vers**

Veilchenduft und stiller Friede
Mahnt an Lieb` und Lenzesduft
Mit dem Veilchen möcht ich grüßen
das so still nach Liebe ruft.

## Heinrich Heine

Morgens send ich dir die Veilchen,
Die ich früh im Wald gefunden,
Und des Abends bring ich Rosen,
Die ich brach in Dämmerungstunden.
Weißt du, was die hübschen Blumen
Dir Verblümtes sagen möchten?
Treu sein sollst du mir am Tage
Und mich lieben in den Nächten.

---

Die blauen Veilchen der Äugelein,
Die roten Rosen der Wängelein,
Die weißen Liljen der Händchen klein,
Die blühen und blühen noch immerfort,
Und nur das Herzchen ist verdorrt

---

Von der Bescheidenheit der Veilchen
Halt ich nicht viel. Die kleine Blum,
Mit den koketten Düften lockt sie,
Und heimlich dürstet sie nach Ruhm.
Ich zweifle auch, ob sie empfindet,
Die Nachtigall, das was sie singt;
Sie übertreibt und schluchzt und trillert
Nur aus Routine, wie mich dünkt.
Die Wahrheit schwindet von der Erde,
Auch mit der Treu ist es vorbei.
Die Hunde wedeln noch und stinken
Wie sonst, doch sind sie nicht mehr treu.

*(aus Entartung)*

# Franz Alfred Muth

## Verschiedenes Los

In der Sonne süß und luftig
Blüht die Rose;
Doch das Veilchen knospet duftig
In dem Moose.

Blühen mag ja keine Rose
Ohne Sonne;
Veilchen nur in Gras und Moose
Steh`n mit Wonne.

Jedem ist sein Teil beschieden,
Jedem, Allen;
Wenn wir alle nur in Frieden
Gott gefallen.

# Ferdinand von Saar

## Wieder!

Wieder die ersten sonnigen Hauche,
Lockend hinaus vor die düstere Stadt;
Wieder am zitternden, treibenden Strauche
Die ersten Knospen, das erste Blatt.

Wieder auf leis' ergrünenden Hängen
Ersten Veilchens lieblicher Fund;
Wieder mit ersten Jubelgesängen
Hebt sich die Lerche vom scholligen Grund.

Werdenden Frühlings verkündende Zeichen,
Alte Genossen von Lust und Schmerz,
Ach, wie entzückt ihr, ihr ewig Gleichen,
Ewig auf's neue das Menschenherz!

Weisses Veilchen, Viola alba.

**Viola alba – Weißes Veilchen**

# Friedrich Rückert

Das Veilchen ist aufgeblüht,
Aber es duftet nicht,
Der Merz ist zu kalt und rauh.

Was fehlt dir, o krankes Gemüth?
Es fehlt dir der Freude Licht,
Es fehlt dir des Himmels Thau.

Das Veilchen ist aufgeblüht,
Aber es duftet nicht,
Der Merz ist zu kalt und rauh.

---

Mit dem Frühling starb das Veilchen,
Und die Rose vor dem Herbst;
Ros' und Veilchen in dem Garten
Bringt des Sommers Hauch zurück.
Sommerhauch, im Frost des Winters
In des Herzens Gartenbeet
Starb mein Veilchen, meine Rose,
Und du bringst sie nie zurück!
*(aus: Kindtodtenlieder)*

---

Soll ich bringen Veilchen,
Die nur blühn ein Weilchen,
Oder rothe Rosen,
Ach die dauerlosen?
Oder duft'ge Nelken,
Die am Abend welken?
Alle Blumen, alle,
Sind in gleichem Falle,
Kurzen Frühling`s farb'ge Widerhalle.
*(aus: Kindtodtenlieder)*

**Magdalene Philippine Engelhard**

Im Garten

Ey ey, wo find ich Veilchen!
Kaum eins, das einsam steht.
War doch vor einem Weilchen
Hier alles blau besä't.

Gern las ich auf den Knien
Aus Gras und Moos sie aus,
Bald lohnte mein Bemühen
Ein frischer Veilchenstraus.

Es hoben ihre Farben
Des Busens Seidenflor
So schön – und, bis sie starben,
Stieg sanfter Duft empor.


**Sophie Mereau**

Welche Gerüche! Woher?
O, gewiss find ich Violen; s
ie duften so süß!
Sieh, wie sie blühen!
Geschwind, o geschwind kränze,
bekränze das fröhliche Kind!

# Alain-René Lesage

*Die Geschichte des Gil Blas von Santillana  (Auszug)*

Ich entsinne mich, daß ich einmal in zwei Tagen
 eine ganze Komödie auswendig lernte,
deren Titel "Die Blumenkönigin" lautete.
Die Rose war Königin und hatte
das Veilchen zur Vertrauten
und den Jasmin zum Diener.
Nichts fand ich sinnreicher als diese Werke,
die mir dem Geist unsrer Nation
viel Ehre zu machen schienen.

# Sebastian Franz von Daxenberger

*Das Veilchen*

Still verborgen an der Quelle
Steht das Veilchen,
Und des Silberbaches Welle
Küsst's ein Weilchen.
Und enteilt zum Strom, zum Meer
Rastlos ohne Wiederkehr.

Eines Müllers Kind im Tale,
Einsam blüht' es;
Und mein Herz beim Abendstrahle,
O wie glüht' es!
Kam und küsst' und eilt' ans Meer
Vorwärts ohne Wiederkehr.

Mädchen, klag'st du nicht der Welle,
Trostlos bitter?
Ewig fließt die Tränen-Quelle
Um den Ritter?
Nein, das Blümchen steht am Bach,
And're Wellen kommen nach.

## Ida von Düringsfeld

*Das weiße Veilchen (Auszug)*

Tief, in ungestörter Stille,
Schläft Alima, wo die schlanken,
Myrthen stehen, immergrün,
Und verstreut in reicher Fülle
Schimmernd zwischen Epheuranken,
Ringsum weiße Veilchen blüh'n.
Blaues Veilchen deutet Hoffnung
In dem frühlingsgrünen Hain,
Doch an stilles Dulden mahnet
Und des weißen Veilchens Schein.

**Viola soraria 'Freckles'** – Pfingstveilchen

## Salomon Geßner

*Die Viole*

Einfältige Viole,
Du hüllest zwar dein Antliz
Vor aller Menschen Blicke,
Vor deinen eignen Blicken,
In deiner Mutter Blätter,
Und wählest dir zur Wohnung
Einsiedlerische Pläze.

Doch Zephir kömmt, und raubet
Die lieblichen Gerüche,
Die du zu unvorsichtig
Aus deinen Blümchen hauchest.

Wann er dann Luft und Erde
Damit erquicket siehet,
Verläßt er dich, und flieget
In eine ferne Gegend.

Dort ruft er andern Räubern,
Die mit undankbarn Händen
Die Blümchen selber pflüken.

Nichts ist vor den Begierden
Der frechen Menschen sicher.
Was hilft dich, armes Veilchen,
Die blosse dunkle Farbe,
Und dein einöder Wohnplaz,
Wann deine süssen Düfte
Dich immerhin verraten?

# Johann Georg Jacobi

*An ein Veilchen im Februar*

Das arme Veilchen! Sieh, o sieh!
Da lebt's in totem Moos!
Kommst, armes Veilchen, kommst zu früh
Aus deiner Mutter Schoß!

Lebst Einen Morgen, jammerst mich;
Siehst weder Laub noch Gras;
Mit seinem Fittig mordet dich
Der Mörder Boreas.

Musst sterben, Veilchen! weil du musst,
Alt einen Tag; o weh!
So stirb an meines Mädchens Brust,
Dass ich dich sterben seh.

Da bückt sichs, und mit nassem Blick
Siehts nieder, bricht dich ab;
Stirbst, Veilchen! gehst zu dem zurück,
Der dir das Leben gab.

# Rainer Maria Rilke

*Vom Glück*

Still für sich,
und doch für mich
blüht das kleine Veilchen.
Bringt mir Freud
im Wintersleid
für ein ganzes Weilchen.

Stirbst, Veilchen! liegst, ein wenig Staub;
Ein wenig Staub auch wir,
So gut wie du, des Todes Raub,
Einst liegen, nahe dir.

Stirbst, Veilchen! duftest deinen Geist
In kalte Winterluft;
Bleibst Wesen, Veilchen! Wie es heißt?
Ob Monas, oder Duft?

Obs höher aufgestiegen ist
In Schöpfers Angesicht?
Ob Engel oder Milbe bist?
Das, Veilchen! weiß ich nicht.

Weiß aber, dass in Schöpfers Hand
Wohl aufgehoben Laub
Und Zeder ist, und Meer und Land,
Und Sonn' und Sonnenstaub.

Deswegen wir mit nassem Blick
Nicht sehn in unser Grab:
Genug! wir gehn zu dem zurück,
Der uns das Leben gab.

## Christian Adolph Overbeck

Blühe, liebes Veilchen,
Das ich selbst erzog,
Blühe noch ein Weilchen,
Werde schöner noch!
Weißt du was ich denke?
Lotten zum Geschenke
Pflück ich nächstens dich.
Blümchen, freue dich!

Lotte, mußt du wissen,
Ist mein liebes Kind!
Sollt' ich Lotte missen,
Weinte ich mich blind!
Lotte hat vor allen
Kindern mir gefallen,
Die ich je gesehen,
Das muß ich gestehen.

Solch ein schmuckes Mädchen
Gibt es weiter nicht!
Zwar hat Nachbars Gretchen
Auch ein hübsch Gesicht!
Doch muß ich's nur sagen,
Würde man mich fragen:
Möcht`st du Gretchen frein?
Sicher sag ich: Nein!

*(vertont von Robert Schumann)*

**Heinrich Heine**

*Auf Flügeln des Gesanges (Auszug)*

Herzliebchen, trag ich dich fort
Fort nach den Fluren des Ganges
Dort weiß ich den schönsten Ort
Dort liegt ein blühender Garten
Im stillen Mondenschein
Die Lotosblumen erwarten
ihr trautes Schwesterlein
Die Veilchen kichern und kosen
Und schaun nach den Sternen empor
Heimlich erzählen die Rosen
Sich duftende Märchen ins Ohr.

---

Die blauen Frühlingsaugen
Schaun aus dem Gras hervor;
Das sind die lieben Veilchen,
Die ich zum Strauß erkor.
Ich pflücke sie und denke,
Und die Gedanken all,
Die mir im Herzen seufzen,
Singt laut die Nachtigall.
Ja, was ich denke, singt sie
Lautschmetternd, daß es schallt;
Mein zärtliches Geheimnis
Weiß schon der ganze Wald.

# Karl Stelter

*Stiefmütterchen*

Stiefmütterchen haben sie dich genannt,
O sag' mir doch, haben
Sie keinen schöneren Namen gekannt,
Die einst ihn dir gaben?

Als Kind schon war ich der Stiefmutter feind,
Ich könnt' sie nicht leiden;
Ich hab' manche bittre Thräne geweint,
Gesucht sie zu meiden.

Und doch war mein gutes Stiefmütterlein
Oft um mich in Sorgen,
Jetzt weiß ich's, ich mußte ihr Liebling sein,
Der bei ihr geborgen.

Als längst schon die gute Stiefmutter todt,
Da lernt' ich erkennen
Wie sehr dem verlassenen Kinde es Noth
Sie Mutter zu nennen.

Versöh'n du mich schönes Stiefmütterlein
Mit der, die im Grabe,
Dann sollst du das liebste Blümchen mir sein,
Das um mich ich habe.

Stiefmütterchen

# Weitere Gedichtbücher hrsg. von Maria Mail-Brandt

 **Schneeglöckchen läuten**

60 S. m. zahlr. Farbf. BOD Verlag 2015 SBN 978-3734709777
Schneeglöckchengedichte, Zitate, Märchen von bekannten und
unbekannteren Autoren mit Farbfotos besonderer
Schneeglöckchensorten.

 **Literarisches Rosenjahrbuch 2016**

136 S. BOD Verlag 2016  ISBN 9783739209913.
Wochenkalender im Zeichen der Rose: Rosengedichte und Rosenzitate
von Autoren mit runden Geburts- oder Sterbetagen des Jahres mit
passenden Rosenfotos.
**Wird - dann als Ringbuch - 2017, 2018 usw. fortgesetzt!**

# Abbildungsnachweise

*Maria Mail-Brandt:*

*Wikipedia: https://de.wikipedia.org*

*Jacob Sturm Deutschlands Flora in Abbildungen nach der Natur*
*http://www.biolib.de (Kurt Stüber) :*

# Stichwortverzeichnis